AF175051

DEVENIR POESÍA
Número 337
Colección dirigida por Juan Pastor

PROPÉTIDES

MICAELA PAREDES BARRAZA

PROPÉTIDES

Premio Internacional de Poesía
«Miguel Hernández-Comunidad Valenciana» 2024

POESÍA
Devenir
Madrid, 2024

Este libro, ganador del Premio Internacional de Poesía «Miguel Hernández-Comunidad Valenciana» 2024, promovido por la Fundación Cultural Miguel Hernández, ha merecido ayudas de la Conselleria de Educación, Cultura y Deporte de la Generalitat Valenciana, del Área de Cultura de la Diputación de Alicante, y de la Concejalía de Cultura del Ayuntamiento de Orihuela.

Primera edición, septiembre de 2024

Diseño: José Ramón Ballesteros de Diego

Fundación Devenir. Poesía y Ensayo
Apartado de correos número 5
28991 Torrejón de la Calzada (Madrid)
Teléfono: 918 169 210
Dirección de correo electrónico: pastorj@telefonica.net
Página web: www.devenir.es

ISBN: 978-84-18993-41-1
DEPÓSITO LEGAL: M-20973-2024

Impreso en Imprenta Kadmos
Salamanca
IMPRESO EN ESPAÑA - PRINTED IN SPAIN

Un Jurado presidido, en su condición de Patrono
de la Fundación Cultural Miguel Hernández, por
Don Francisco Javier Díez de Revenga Torres, y formado
por Doña Bibiana Collado Cabrera, Don Joaquín Juan
Penalva, Doña Raquel Lanseros Sánchez, Don Juan Pastor
Giménez, y actuando como Secretario del mismo, el
Director de la Fundación convocante, D. Aitor L. Larrabide,
reunidos el día 4 de abril de 2024, acuerdan conceder
a este libro el Premio Internacional de Poesía «Miguel
Hernández-Comunidad Valenciana» 2024, convocado
por la Fundación Cultural Miguel Hernández.

Hoy puedo ser lo mismo que hace mil años.
Recojo los fragmentos de un ídolo. Interrogo.

RAQUEL JODOROWSKY

Las obscenas Propétides se habían atrevido a negar
la divinidad de Venus, y a causa de la ira de la diosa
fueron las primeras en prostituir sus cuerpos y su belleza,
y al perderse el pudor y endurecerse la sangre de sus mejillas,
se convirtieron, poca era ya la diferencia, en rígido pedernal.

OVIDIO, *METAMORFOSIS*, X, 238-242.

I

PROSERPINA TOMA LA PALABRA

Hastiada de la eterna primavera
y el canto sin historia de las ninfas
–cuya belleza prístina no sabe
de placeres catados a la sombra–
a orillas del Pergusa
con Venus y Cupido llegamos a un acuerdo.

Se cuenta en las versiones oficiales
que al ver a mi raptor puse un grito en el cielo
y entre las hierbas extravié mis lirios,
cuando lo cierto es que dejé caer
las sedas de mi enagua
cual cebo para el dios del Inframundo.

Y es que una siempre tiene sus razones.

Difícil el destino de ser hija
de la madre más madre de las madres.
La misma calidez que en el regazo
engendra la luz de los sentidos
luego se niega a liberar el fruto
para goce del mundo.

Después de saborear los siete granos
que las manos curtidas de Plutón

regaron en mis labios para calmar el hambre
supe que mi lugar estuvo siempre
entre los desdeñados deleites del subsuelo.

SIGUE HABIENDO TIERRA

Tierra había en ellos y cavaron.
Tierra sigue habiendo y nosotros
aún cavamos multiplicando el verbo:
                    cavo
porque tú cavaste
hasta aquí
hasta ahora
donde caben todas las fosas de ayer
cuando es de noche en el mundo
y tu noche y la mía son la misma tierra de nadie
única tierra prometida
antes o después del gusano
que es cuando.

ORACIÓN

Y una hoja de arce roja
marca el Cantar de los Cantares en mi Biblia.

ANNA AJMÁTOVA

Bajo el techo congelado de una casa ajena
me pierdo en el recuerdo de días terribles
que tampoco fueron míos.
Leo a Ajmátova leyendo a Salomón.
Su oración se hace silencio entre las páginas
del Cantar de los Cantares
que le habla todavía de milagros.
Ciento cinco años después
al azar abro una Biblia, imitando su gesto:
          «Job abre su boca vanamente,
          y multiplica palabras
          sin sabiduría».

PROCURAMOS NACER

Cargamos con un muerto entre los ojos.
Su voluntad se asoma entre los dedos.
Del ser que nos impone sus antojos
procuramos nacer, y envejecemos.

Oculto entre tus sienes el cerrojo
del tiempo se halla abierto; es un peldaño
entre el ayer y el nunca: hoy de despojos
que confunde sus sueños con tus años.

Te hace hablar con los perros y las flores
y lo oyes respirar en el hastío
del vaso a medias y el salón vacío.

Ya no sabrás de quién son los errores
ni de quién la tristeza cuando añores
volver sobre tus horas de extravío.

MIS MUERTOS

Nunca he visitado su tumba:
la llevo en la lengua
cada vez que retrocedo
soñando refugiarme en la oquedad
de la garganta
y allí transfigurarme
en la raíz
que precede y sostiene
su palabra.

MEDITACIÓN DE ATALANTA

Para hacer del escapismo oficio, de pies blindados contra la atracción de la tierra fértil fui engendrada; creadora de desiertos en nombre de una herida disfrazada de fatalidad.

Imaginé rebeliones solitarias hasta confundir la pasión voluntariosa de la sangre con el flujo de las aguas mayores.

El afán de libertad mal comprendida –posta que heredé de un par de ovejas descarriadas y que el oráculo del árbol familiar al fin me ofrece la posibilidad de redimir– no aguantó más que unas cuantas carreras vencidas a costa de humillaciones propias.

Tras casi treinta años arrancando de una sombra, hoy me postro sedienta a ingerir estos frutos provisorios, que en su amargor me revelan el veneno de la raíz, único antídoto.

Oficia de una vez la ceremonia, Venus, y enséñame a perder.

NUESTRA CARENCIA

Si el universo avanza
hacia su desintegración
si el tiempo es hambre y el espacio es frío
nuestra carencia no tiene remedio
nuestra carencia es el remedio
porque no es nuestra porque no
                                    somos
más que agua aprisionada

            un cuerpo

sometido a la gravedad
a las leyes
de la entropía

maneras de representar el infierno
de ser materia y no poseer
más que una imagen.

CANTE

Los pasos
perdidos
vuelven a la tierra
sembrando extravíos.

Mañana hablarán
en forma de nido
al agua del cielo
llorando su trino.

Solo el aire escucha.

Las niñas repiten
el eco en el río.

Los muertos cantan
al borde del camino
los pasos que no dieron
y heredan a los vivos.

OTRA ISLA EN PESO

Ojalá pudiera hablar de la maldita circunstancia
más allá de la epidermis
enumerar las formas exteriores de la miseria
su proliferación convertida en fuego
testar el barro que penetra en los oídos
describir cómo se revientan córneas e incineran cuerpos
en una isla real y su horrorosa circunstancia.
Palpar el tiempo en los escombros de la carne
no tener más el derecho a imaginar
las circunstancias mientras sostengo todo el peso
de una isla inexistente en la cabeza.

MEDUSA, HIJA DE LA DESDICHA

Cuántas cabezas habré de cortar
para que al fin despunte
el alba en mi sangre;
cuántos hombres tendrán que verse en mí
para encender su fuego en la noche de mis ojos.

Hubo un tiempo en que mis miembros
no tenían el resplandor del fin y mis palabras
eran algo más que hijas de la desdicha.

Un día vendrá que extinga el polvo
con que el transcurso carcome mi esperanza.

Consagrado en mi lengua el corazón
de los que ayer fueron
y aún siembran su veneno en mi garganta,
me entregaré al golpe de la estampida
y pariré mi propia muerte
para dar a luz la otra orilla.

REDEFINICIÓN DE LA PÉRDIDA

Inhalar
es reunir
en el roce del vacío
la luz que me piden
los que habitan
mi sangre.

II

VENUS REPROCHA SU ERROR A PIGMALIÓN

De haberlo meditado
con el colchón dos veces,
escultor de deseos reprimidos
bajo el peso del gélido marfil,
distinta hubiera sido tu plegaria
a los pies del altar ensangrentado
con cornudas novillas en ofrenda
para mí, la más loca de las cabras.

Tú, célibe censurador del goce
–que velado de escarnio
regalé a las mortales celosas de mi don–
no pediste por esposa, oh pudor,
a tu propia criatura desprovista de sangre
sino a «una similar».

Te la di transformada en vivo trozo
de carne fresca y tibia:
de mi estirpe heredera, voluptuosa y proclive
a deslices que ni la más impúdica
de las Propétides soñó.

LUZ IMPRECISA

La mucha soledad desvirtúa el sentido.
El sol sobre las sábanas extiende sus tentáculos:
empapados de ayer, se disfrazan de oráculo
y el futuro es posible solo a costa de olvidos.

Para qué prolongarse e insistir en el ruido
de palabras estériles, labradoras de obstáculos;
profecías frustradas convertidas en báculo
cuando a falta de arrojo la vejez ha vencido.

El suicidio es el tren que la amante cobarde
no tomó y cuya escena en el sueño eterniza.
Tras la suma en presente, solo queda una ausencia:

esa niña que nunca quise ser y esta tarde
se acurruca en los pliegues de la luz imprecisa
con la muerte en los ojos, y me dice: paciencia.

EL SUEÑO DE GALATEA

A Pedro Lastra

Más reales que nunca, ya sin el tiempo encima,
recobrados al borde de otro sueño,
me dejarás acompañarte una vez más
por el camino hacia ti mismo
para alzar una plegaria por los días
de juventud que no compartimos
y seguiremos olvidando juntos
y por la noche de los años que me espera
para cuando tú ya seas otra vez inmortal.

Amigo, viejo amigo:
nunca hemos dejado de encontrarnos
en las esquinas de un único sueño;
así sea hasta el entonces
de la última vigilia,
en que despiertos nos miremos, al fin,
por vez primera.

ESA EXTRAÑA TERNURA

Quizás la voluntad no sea sino
un delirio alimentado erradamente
en nombre de los dioses.

Solo ellos supieron del destino.

A nosotros nos baste
el sombrío regocijo de la carne
cuando entrega con amor su barro al barro
y la verdad de cada muerte
esa extraña ternura que se esconde
detrás del golpe concedido
como sermón y fiesta.

Si cada nombre es eco de un olvido renovado
que nos baste la fragancia de la carne
no su dueño
el sonido y no la cuerda
porque el hecho consumado
es siempre anónimo.

EL DIOS QUE HOY ME NACE

En esta orilla es primavera
pero el dios que hoy me nace
se deja caer mientras miro las hojas
de un árbol sin memoria.
Sin ardor y sin canto
me acerca las manos
queriendo escuchar una plegaria
que le restituya su nombre y le recuerde
su no lugar en el mundo,
su papel en el teatro de ser
en que yo soy la hecha a semejanza
y no a la inversa.

HECHA UN RÍO

La forma más sencilla de callarnos
es hacernos llorar, piensan los dioses
y cuanto animal bruto se pasea
por los suelos fluviales de Aretusa de Pisa.
Así suele ser siempre y así fue
la última vez que quise hilar palabras
por conservar la paz de nuestra tierra
con una dosis mínima de tacto.

No hice más que advertirle al dios del Hades
que guardara las formas y pidiera
la aprobación de Ceres para unirse a su hija.
Abrí los brazos: «por aquí no pasas
si no oigo el *sí* certero de la diosa».
Pero como ninguno de ellos sabe
solucionar las cosas sin crueldad
ni arrebatos pueriles
antes de que pudiera urdir mis condiciones
Plutón me penetró con su bastón.

Me hirió tanto el ultraje que esta vez
no solo rompí en lágrimas:
todo mi cuerpo se hizo río.

Mi lengua no articula palabras desde entonces.

Lo que no comprendió el Impronunciable
es que las aguas guardan la verdad
entre sus transparencias y reflejos
y la ofrecen a todo el que se asome.

LOS NOMBRES DEL FRACASO

Si los dioses tuvieran algo más
que mi propia sustancia,
¿se empeñarían tanto en que los nombre?
Quizás no hubiera sido necesaria
la idea de sustancia,
pero alguien dijo *tiempo*
                    y desde entonces
cantamos el desierto creyendo hallar esquinas,
rimamos torpemente nuestros pasos
a la temperatura de las voces
oídas en la orilla de algún sueño.

Es siempre el mismo coro que desdobla
los nombres que le dimos al fracaso:

                              destino
                noche
verbo

Pero dijimos carne
                y con la culpa
alzamos un altar donde descansan
las ruinas de ese sueño, nuestros dioses
forjados a imagen y semejanza
de la necesidad: hijos enfermos
de una voluntad mal descifrada.

EL AGUA CONTRA EL VASO

Tal vez esta oquedad que nos estrecha
no es más que el sueño lúcido
del agua contra el vaso:
un dios nace del roce
con el cristal, deslinde
mudo, paciente forma
que decanta
a imagen de la sed.

CANTA, JUDIT

Nadie puede resistir a tu voz.
JUDIT 16, 14

Virtudes, me despido de vosotras para siempre.
MARGUERITE PORETE

Judit canta al borde de la gloria:
«Rescátame, Holofernes, no me obligues
a destrozar en ti lo que no pude
hacer arder adentro de mi pecho».

*

Así me habló en el sueño:
«Córtate la cabeza.
El único enemigo
es y será tu sombra».

*

Aunque no sé tu nombre
ni te llamé, llegaste.
Tu amor es una herida
abierta al que no pide.

*

Aguardo en tu crisol
el tiempo propicio.

Aquí los corazones
sangran hasta la vida
        o se marchitan
antes de nacer.

*

Yo no pedí estas manos.

¿Quién soy para exigirte explicaciones?
Eres fiel al que no cree
y le ofreces un reino
que nadie desearía.

Con tu sangre hasta los codos
supe lo que es amar
después de haber amado.

*

Algo de mí también murió ese día.

No lo hice por mi gente. Menos por ti.
El único dios habla aquí en mi pecho
y tuve que acallarlo por la fuerza.

Hoy brotan nuevas, viejas
   melodías
y espero por mi voz
en el amor oscuro de quien sabe
que la verdad esquiva la palabra.

*

Si *el pájaro vuela hacia Dios*
y el dios eres tú,
luz de mi sombra,
al dejar descansar
tu cabeza en mis murallas
recobré lo que nunca
hube perdido.

*

Hoy es un día feliz.

Ya bebí de tu vino
y tu alegría
como tú lo quisiste.

Y ahora que no puedes
pedirme que te ame
mi cuerpo en ti florece.

La dicha no se finge.
Bien lo sabes, señor,
voz de mi urgencia.

*

Antes de que amanezca
repliego mi odio
y te lo ofrezco en silencio
mientras miro tus párpados caídos
ciegos de suficiencia.

Solo quien odia sabe
de cuánto es capaz la ternura
ya disuelta la noche.

NO HAY OTRO MODO

Esta es el alba.
Para decirlo de otro modo
habría que tener las sílabas del bosque
su rojo triste en las papilas su amargor
acoplado a la lengua.
Aquí no hay madre
que nos enseñe a amar los nombres
y nos guarde el silencio.
No sé decirlo de otro modo:
aquí amanece.

DEFENSA DE ARACNE

Suficiente consejo hallo en mí misma
y aunque se paga cara la soberbia,
otras mil veces, Palas, volvería a humillar
el don inmerecido de tus manos
que tejen y destejen sin saber
nada de los rigores que se ganan
a punta de trabajos y miserias.

La ciencia de tejerse una el destino
tensando hilo y azar entre los dedos
no necesita, diosa, de tus venias.
Si mi fama llegó hasta tus oídos
no es milagro ni fruto de divinas estirpes
pues mi único linaje es la experiencia
urdida a la intemperie.

Un don es también siempre una condena,
y el tuyo, a diferencia de mi oficio,
es poco lo que sabe de justicia.

Aunque la envidia me negó la muerte,
multiplicó estas manos
que hoy inmortalizan tu derrota.

CUANDO NO HAYA PALABRAS

No alcanzarán las islas que contaste
y aproximaste en sueños
a extinguir el rencor que hoy incendia
y consume todos tus barcos.
Entre la luz del recuerdo
y la noche del presente,
su madera enronquecida se alimenta todavía
del anhelo de que Ítaca no sea
sino el sitio que separa
tu vida de la vida,
o de la muerte, que es lo mismo;
el rincón que te espera
sin promesas
cuando ya no haya palabra
ni deseo de ella
y acaricien tus huesos
las raíces invariables de la tierra.

III

DAFNE INDIGNADA

¿Que mi aspecto se opone a mi deseo
de cultivar el arte de estar sola?
¿Que es deber de quien carga con el trágico
peso de la hermosura
hacerse responsable del efecto que causa
al entrar por los ojos de las bestias?
–Porque Febo será el mejor dispuesto
de los dioses, pero eso no le quita
la despreciable tosquedad
del animal en celo–.
¿Que solo por el hecho de creerse
el pastor del rebaño yo tendría
que ceder complaciente ante sus ruegos?

«No corras más de mí, hija de Peneo,
solo quiero tocarte los cabellos y hacer
de ti la más dichosa de las ninfas.
¿Acaso no te enteras de quién huyes?
Yo soy aquel que en verso hace brotar la música
y canta lo que ha sido, es y será.
Si no accedes ahora,
te voy a amarrar algo más que el pelo.»

Ni la más indulgente y necia oveja
se dejaría trasquilar
por tamaño farsante.

Prefiero condenarme a echar raíces
y a coronar los triunfos de la Historia
con parte de mis brazos antes que ser el postre
de un hambre tan vulgar.

OTRO DESEO

Hoy mi cuerpo es un triste animal.
Lo humedece un deseo
distinto del deseo,
la lluvia de esos días
en que no había forma de saber
si el amor comenzaba
en la carne o después de ella
y su flujo era uno con la música
que imitábamos al mar y que crecía
como el deseo
de un triste animal.

EL DESENGAÑO DE MIRRA

Aunque a ojos del mundo no haya horror comparable,
hubiese preferido que me dieras razones
para pecar como suelen hacerlo
las hijas saludables que se prendan
de sus padres y acaban por desear
según la semejanza.

Pero me condenaste a perseguirte
en la sombra difusa de lo que no encontré
cuando enferma te llamaba en el sueño.

Aprendí a recorrer el camino invertido,
a dar palos de ciega sobre aguas ajenas
incapaces de ofrecer tu reflejo;
a arrojar el anzuelo y hacerlo tocar fondo
para empezar a amarte
como lo hace una madre adoptiva
con la carne en que no se reconoce.

LOS HUESOS DE TU NOMBRE

Contigo
que no vuelves
vuelvo a ser la que no pude
y florecen otra vez
sobre mi lengua estéril
los huesos de tu nombre.

HIEROFANTE

Y no sellamos el rito con palabras
porque todo es sin fin, aunque se rompa
la corona del tiempo
sobre nuestras cabezas.

CARTA A PAN

No sabrán los mortales qué fue lo que dijiste
cuando ofrecí mi oído aquella tarde
en un rincón oculto entre los juncos
dejándote soñar que transformabas
la culpa en poesía.

Aunque se me confunda con Diana Cazadora
por mi silvestre y virgen apariencia,
has de saberlo: mi arco no es de oro
sino de cuernos jóvenes, que conservan aún
la prístina indulgencia de lo vivo.

Demonio afable, fauno jubilado
—otrora soberano de una Arcadia
que hoy solo con pálida añoranza revisitas
durante tus lecturas de domingo—
quizás por eso disculpé tu falta
de sangre entre las aguas del Ladón,
en favor de la humana sensatez.

Dejemos que la tradición te cante
como insaciable cazador de ninfas
aunque los dos sepamos
que en pleno cumplimiento del destino

con el barro a la altura de la ingle,
no fui yo quien rogó por rescate a los cielos.

No me malinterpretes:
me basta con la música que cifras
cuando a solas lamentas tu pérdida de hambre
rimando versos clásicos
que yo después enmiendo.

SIRINGA SE LAMENTA EN ARTE MENOR

Quizás nunca fue cierto
que la música basta.
Siempre fuimos dos huérfanos
con más sed que esperanza.

Te di sin que pidieras,
recibí lo que falta
cuando el hambre del tiempo
muerde y huye de espaldas.

Entre ruidos y calles
nos rozamos las alas.
Tu cadencia tardía
anunció un tres de espadas.

Hoy mendigo en silencio
releyendo palabras
que conjuren los días
de un poema sin trama.

LOS TRES TIEMPOS

A Ernesto

Cruzo a ojos cerrados la línea
que divide las aguas
     y crea los tres tiempos
para encontrarte otra vez
dentro de mi sangre.
Florecen piedras negras como soles
en el pecho del mundo que creamos
para oír nuestros acordes.
La luz acaricia la puerta
que tus manos tallaron en mi espalda
        hace tanto

No sé dónde termina mi cuerpo
y comienza tu palabra
sembrada en el vértigo

    Mucho tiempo fui pájara
huérfana de vuelo
Hoy tus ojos me devuelven el horizonte
que perdí creyendo que perder
era mi vocación

Déjame entrar en tu nombre
recién nacida
dispuesta a perderme otra vez
donde desembocan
todas nuestras líneas.

EL POEMA DE AMOR

El poema de amor que no te he escrito
está lleno de palomas ciegas
que mendigan el pan y juntan polvo
en la negrura torpe de sus alas.

El poema de amor que no profeso
ya está escrito en la carne de los días
porque lo que no fue seguirá siendo
como tu sol hundiéndose en mi sangre;
como yo misma que callo y no existo,
que inundo con mi espuma tus horas sin nombre
y espero volver a amanecer
más allá de estas murallas donde escondo
el poema de amor que no te escribo.

CLITIE LLORA MIENTRAS VE PASAR AL SOL

Cuánto hubiese deseado condenarme,
querida enemiga,
al peso apacible de la tierra como tú,
a su noche total, donde el Sol ya no alcanza
a ultrajar con sus rayos el amor
que él mismo fecundó.

Yo también fui raptada por el que lo ve todo.

Penetró en mí su luz, pero fue otra mi suerte:
a pesar del ardor que engendró con su ofensa
no llegué a conocer lo que tu cuerpo
abrasado por él:
ya no objeto del ojo, sino todo mirada.

Despechada revelé tu secreto.

No entendí que al sellar tu destino a la tierra
una parte del mío
también hacia ella atraía.

Tu muerte no pudo devolverme lo que nunca
fue mío, y perpetuó, como Venus lo quiso,
por ti el amor, por mí la indiferencia.

Mendigué nueve días la atención del cruel Helios
y esperando a la muerte no probé más que lágrimas.
Pero no llegó nunca y acabé congelada
de la vulva hacia abajo.

Desde entonces mis ojos se flagelan
atados al carro de fuego
que mide el transcurso del día.
Muerta en vida, mis pétalos prolongan
la distancia que separa
su luz de mi deseo.

CANCIÓN NO NACIDA

No sabrás del dolor de haber nacido pájaro
de vuelo y canto huérfano. No tendrás que coser
y descoser los frutos amargos de tu lengua,
padre y madre, hambre y asco, a la carne del tiempo.
No sabrás del deseo que carcome a lo vivo,
del placer de la sombra, de la urgencia del barro
y no habrás padecido el error de tu oscura
crisálida y durmiendo te hallaré en mi latido.

Porque no hay más justicia que secarse hasta el nombre,
no merezco el azul de tu estirpe ni el sueño
prematuro del día que serás para siempre
como triste deseo de un quizás en mi sangre.

Perdóname esta piel despeñada en lo bruto
que defiende a los golpes el derecho a su herida.
Perdóname estas manos empapadas de noche
que no acunan más sueño que su propia renuncia.
Perdóname la mengua de esta luna eclipsada
que es mi cuerpo y no sabe de otro sol que el destierro.
Y mendiga el amor de un cielo hecho de escombros
y comparte su hambre con los dioses del frío.

IV

DISCURSO FÚNEBRE A CARGO DE LAS MÉNADES

No fue capaz tu canto
ni el sueño que acaricia aún tu lira
contra las manos sordas y pechos delirantes
que Erinis agitara con sus gritos
para acallar con sangre los frutos de tu boca.

Igual que el vagabundo al recibir
la llegada del día cual bestia echada al ruedo
o que la niña huérfana esperando
los pasos conocidos que se acercan
de noche hasta su cama,
así hicimos temblar todos tus miembros
las mal llamadas perras de Dionisio.

En honor a las cuerdas de tu hipócrita
instrumento, nueve fueron los bueyes
inmolados y nueve los cuernos elegidos
para trocear tu cuerpo en nueve partes.

Dicen tus sucesores que hubo lágrimas:
«Te lloraron, Orfeo, aves y piedras,
con ramas y raíces lloraron tu cabeza…»
Lo cierto es que, si antes por tu voz aturdidos,
los árboles son cómplices del rito contra el sueño.

Descansa entre las sombras y el abrazo
imposible de Eurídice, poeta:
mejor es que las aguas se hagan cargo
de interpretar la música del bosque.

EL LATIDO DE LA PIEDRA

Algo anuncia otra vez
a la tierra recreando su propósito.

Sombra de alas detenidas,
complacencia de la errancia:
la corriente hace su oficio.

Sola el agua en sí reposa
fecundada de un silencio
que se pliega y multiplica.

La arquitectura de las plumas
se asemeja al latido de la piedra.

Algo acaba de nacer,
sigue naciendo
en espera de un testigo
que pronuncie su nombre.

NUNCA TODAVÍA

¿Es nunca o todavía?
pregunta la arena
humedecida por la espuma
de la memoria
al ave que en vuelo repasa
las distancias del hambre.

A REMO

No se sabe hasta qué punto son las alas
las que mueven el viento
o si viento y ala juntos se conducen
por el soplo sosegado
de una inteligencia sin sujeto.

CUANDO TODOS SE HAYAN IDO

Cuando todos se hayan ido y solo quede
el gesto detenido de un ala abriendo el cielo
el trazo de unas huellas que perdonó la lluvia
una torpe y anónima nostalgia repitiendo su señal
sin nadie que la aloje

Cuando no quede más sobre la tierra
que el llanto claro de una oruga
lamiendo la crisálida vacía
de un amor que antes de tiempo
el sol convirtió en ángel

Cuando ya no haya quien mire sus manos
sin pensarlo y se asombre de encontrarlas
donde siempre, acopladas a su cuerpo
y diga: tengo manos
y unos dedos que sufren y se encienden
a veces por las tardes

Cuando no exista distancia
entre el mundo y sus nombres
cuando no haya más palabras, el silencio
hará brotar la música
que el fuego de una especie transitoria
le arrebató por un instante al bosque.

EL MAR ENGENDRA SU PROPIO CORAZÓN

El mar engendra su propio corazón.

No se esfuerza ni abdica,
es siempre cada ola.

Los pájaros secundan
el descenso de la luz,
las alas a flor de nube
sostienen todo el canto.

Los fotones contra el agua
desandan el camino
convertidos en cielo.

El mar eleva su sangre
no alcanzada por el sol
y la ofrece
a las rocas anunciando
su propio corazón.

DIOMEDEA

El espacio que se abre
entre la voz y el canto:

único habitar
que la soledad permite
y desea.

Soy donde no me reconozco,
en la estela del ala
sin consciencia del vuelo
que dibuja círculos y recrea
los restos de sí
alzados en contra del tiempo
para dar nombre a un olvido.

ECO TESTIFICA, ACUSADA DE PLAGIO

Me crearon la fama de habladora obstinada
y atribuyen mi mal a un castigo de Juno,
pero el único error que puede reprochárseme
es haber aprendido del silencio
que increpado por necios y narcisos
siempre ofrece la otra mejilla por respuesta.

Desprovista de voz, muda a oídos humanos,
decidí bautizarme a la sombra del verbo
escuchado en el mundo a oradores ilustres.
No es tarea sencilla
imitar la cadencia de un alma atormentada
y no errar en ningún acento.

Camuflada entre sílabas de raíces remotas
me fundí en el destello que le ofrecen las aguas
al que sufre de exceso de talento
y no hace otra cosa que escribirse
profusas elegías a sí mismo.

Quise ser el poema irrealizable
donde buscan reflejo los poetas hastiados.
Más de uno cayó por mi voz seducido
y creyó enamorarse cuando solo
encendí con palabras su amor propio.

No hice más que valerme de acordes
que los vates también toman prestados
a la música madre: anterior a la noche,
sin derechos de autor.

ÍNDICE